Documentos de la democracia de Estados Unidos

LA CARTA DE DERECHOS

Katie Kawa
Traducido por Esther Sarfatti

PowerKiDS press.

Nueva York

Published in 2017 by The Rosen Publishing Group, Inc.
29 East 21st Street, New York, NY 10010

Editorial Director, Spanish: Nathalie Beullens-Maoui
Translator: Esther Sarfatti
Editor, English: Katie Kawa
Book Design: Tanya Dellaccio

Photo Credits: Cover (painting) Courtesy of the Library of Congress; Cover (document), p. 27 (document) https://commons.wikimedia.org/wiki/File:Bill_of_Rights_Pg1of1_AC.jpg; Background (all pages except 27) didecs/Shutterstock.com; p. 5 Alex Wong/Getty Images; p. 6 https://commons.wikimedia.org/wiki/File:The_Federalist_(1st_ed,_1788,_vol_I,_title_page)_-_02.jpg; p. 7 https://commons.wikimedia.org/wiki/File:Scene_at_the_Signing_of_the_Constitution_of_the_United_States.jpg; p. 9 https://commons.wikimedia.org/wiki/File:James_Madison.jpg; p. 11 Courtesy of the National Archives; p. 13 lev radin/Shutterstock.com; p. 15 (top) Creativa Images/Shutterstock.com; p. 15 (bottom) Andrey_Popov/Shutterstock.com; p. 17 Rolls Press/Popperfoto/Getty Images; p. 19 Hulton Archive/Getty Images; p. 21 David Kocherhans/Shutterstock.com; p. 23 Ron Chapple/Getty Images; p. 25 corgarashu/Shutterstock.com; p. 27 (document) Aaron Haupt/Getty Images; p. 27 (background) James Whelan/Shutterstock.com.

Cataloging-in-Publication Data

Names: Kawa, Katie, author.
Title: La Carta de Derechos / Katie Kawa, translated by Esther Sarfatti.
Description: New York : PowerKids Press, 2016. | Series: Documentos de la democracia de Estados Unidos | Includes index.
Identifiers: ISBN 9781508151593 (pbk.) | ISBN 9781508151616 (library bound) | ISBN 9781508151609 (6 pack)
Subjects: LCSH: United States. Constitution. 1st-10th Amendments–Juvenile literature. | Civil rights–United States–Juvenile literature.
Classification: LCC KF4749 .K39 2016 | DDC 342.7308/5–dc23

Manufactured in the United States of America

CPSIA Compliance Information: Batch #BS16PK: For Further Information contact Rosen Publishing, New York, New York at 1-800-237-9932

CONTENIDO

LA PROTECCIÓN DE LOS DERECHOS INDIVIDUALES

La protección de los derechos individuales ha jugado un papel muy importante en la democracia de Estados Unidos desde el principio de la nación. La Declaración de Independencia decreta que todos los hombres tienen derecho a “la vida, la libertad y la búsqueda de la felicidad”. Cuando Estados Unidos adoptó su propia Constitución, surgió la cuestión de cómo podía el gobierno proteger mejor los derechos de los ciudadanos. Eso dio lugar a la creación de las diez primeras enmiendas, o cambios, a la Constitución de Estados Unidos, conocidas como la Carta de Derechos.

La Carta de Derechos se considera uno de los documentos más importantes de la historia de Estados Unidos. Estas enmiendas fueron ratificadas, o aprobadas, el 15 de diciembre de 1791. Más de 200 años después, todavía influyen en las vidas de los estadounidenses y en las acciones del gobierno que los representa.

En los Archivos Nacionales, en Washington, D.C., se puede ver una de las copias originales de La Carta de Derechos.

FEDERALISTAS Y ANTIFEDERALISTAS

La Carta de Derechos fue creada como resultado de los debates que surgieron respecto a la Constitución de Estados Unidos. La Constitución no fue inmediatamente aprobada una vez escrita. Antes tuvo que ser ratificada por los estados.

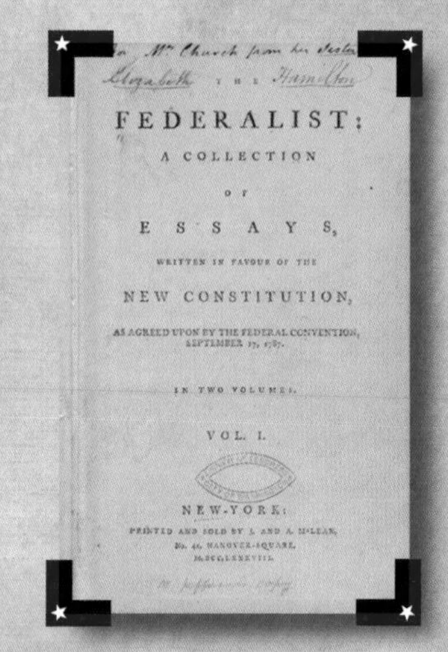

THE

FEDERALIST:

A COLLECTION

OF

ESSAYS,

WRITTEN IN FAVOUR OF THE

NEW CONSTITUTION,

AS AGREED UPON BY THE FEDERAL CONVENTION, SEPTEMBER 17, 1787.

IN TWO VOLUMES.

VOL. I.

NEW-YORK:

PRINTED AND SOLD BY J. AND A. M'LEAN, No. 41, HANOVER-SQUARE, M,DCC,LXXXVIII.

Durante el proceso de ratificación, los líderes de Estados Unidos estaban divididos en dos grupos: los federalistas, que apoyaban la Constitución, y los antifederalistas, que no la apoyaban tal como se había **redactado**. Una de las principales objeciones de los

LOS DOCUMENTOS FEDERALISTAS

Mientras los antifederalistas exigían una carta de derechos y otros cambios a la Constitución, los federalistas buscaban apoyo para la Constitución. Una de las cosas que hicieron para conseguirlo fue publicar una colección de 85 ensayos titulada The Federalist. *Hoy en día, estos ensayos se conocen más comúnmente como los Documentos Federalistas. Fueron escritos por Alexander Hamilton, James Madison y John Jay. Argumentaban que la Constitución no quitaría los derechos individuales y sí ayudaría a crear un gobierno más estable para Estados Unidos.*

antifederalistas era que la Constitución podría dar pie a que el gobierno federal se volviera demasiado poderoso. Temían que los estados y los ciudadanos pudieran perder algunas de sus libertades. Este miedo llevó a muchos a insistir en que se añadiera una carta de derechos a la nueva Constitución. De hecho, ciertos estados, como Carolina del Norte, no ratificaron la Constitución hasta que se aseguraron de que incluiría una carta de derechos.

Después de luchar para obtener la independencia de Gran Bretaña, a muchos ciudadanos les preocupaba que el gobierno federal pudiera llegar a tener demasiado poder.

MADISON SE APOYA EN LA OBRA DE MASON

Pronto quedó claro, incluso para muchos federalistas, que era necesario añadir una Carta de Derechos a la Constitución para que los estadounidenses se sintieran seguros de que sus derechos estarían protegidos. James Madison se convirtió en un importante partidario de incluir una Carta de Derechos. Como congresista, revisó las posibles enmiendas sugeridas por los estados y se basó en ellas para redactar un documento que se convertiría en la Carta de Derechos.

Madison se inspiró en varios documentos históricos para crear la Carta de Derechos. Uno de estos documentos fue la Declaración de Derechos de Virginia, redactada por George Mason en 1776. Esta declaración establecía la libertad de prensa y la libertad de religión, dos puntos importantes de la Carta de Derechos. Thomas Jefferson también se inspiró en la Declaración de Derechos de Virginia al redactar la Declaración de Independencia.

En una carta escrita a Thomas Jefferson en 1788, James Madison dijo: " Yo siempre he estado a favor de una carta de derechos". Tanto Madison como Jefferson se inspiraron en la Declaración de Derechos de Virginia.

JAMES MADISON

APROBACIÓN DE LAS ENMIENDAS

El 8 de junio de 1789, durante una sesión del Congreso, Madison propuso oficialmente una serie de enmiendas a la Constitución de Estados Unidos. En un principio, Madison quiso cambiar el texto de la Constitución. Sin embargo, posteriormente se decidió que la Carta de Derechos debía añadirse por separado a la Constitución.

La Cámara de Representantes de Estados Unidos aprobó 17 de las enmiendas propuestas por Madison. El Senado aprobó 12 de las 17 enmiendas. Finalmente, el 25 de septiembre de 1789, las 12 enmiendas fueron propuestas a las asambleas legislativas estatales.

DE 12 A 10

¿Y qué pasó con las otras dos enmiendas propuestas a los estados? Una de ellas no fue ratificada por suficientes estados. Era acerca del número de miembros de la Cámara de Representantes y cómo este número debía tener relación al número de la población. La otra enmienda rechazada se refería a un cambio en la suma de dinero que ganaban los miembros del Congreso. Esta última se convirtió finalmente en la Vigesimoséptima Enmienda el 7 de mayo de 1992. Estas dos enmiendas están incluidas en la copia original de la Carta de Derechos, expuesta en los Archivos Nacionales.

Aquí se muestra la declaración oficial del estado de Nueva York que ratificó 11 de las 12 enmiendas propuestas por el Congreso. Cada enmienda debía tener el apoyo de tres cuartas partes de la asamblea legislativa del estado. Por esta razón, no todas las enmiendas propuestas llegaron a formar parte de la Carta de Derechos.

The People of the State of New York, by the Grace of God, Free and Independent: To all to whom these presents shall come or may concern, Greeting: Know Ye,

Para que la Carta de Derechos fuera adoptada, debía ser ratificada por tres cuartas partes de las asambleas legislativas estatales. Eso ocurrió el 15 de diciembre de 1791, gracias a la asamblea legislativa de Virginia. Tres cuartas partes de las asambleas estatales ratificaron 10 de las 12 enmiendas. Estas diez enmiendas constituyen la Carta de Derechos que hoy conocemos.

LA PRIMERA ENMIENDA Y LA RELIGIÓN

La Primera Enmienda a la Constitución de Estados Unidos resume varios derechos básicos que el gobierno no puede negar a sus ciudadanos. Protege la libertad de religión, la libertad de expresión, la libertad de prensa, el derecho de los ciudadanos a reunirse pacíficamente y el derecho a presentar **peticiones** al gobierno.

La libertad de religión sigue siendo una parte importante de la Carta de Derechos. La Primera Enmienda garantiza a los ciudadanos el derecho a practicar libremente la religión que ellos elijan, sin miedo de **persecución** por parte del gobierno federal. No todos los países protegen la libertad de religión. De hecho, desde la época colonial, mucha gente se ha mudado a Estados Unidos para escapar de la persecución religiosa en sus países.

Hoy en día, Estados Unidos es un país compuesto de gente con una gran diversidad de creencias religiosas. Gracias a la Primera Enmienda, todos los estadounidenses pueden expresar abiertamente sus creencias.

ARTÍCULO TERCERO

“El Congreso no enactará ninguna ley que adopte una religión oficial del Estado, o que prohíba a sus ciudadanos practicar su religión libremente, o que limite la libertad de palabra o de prensa, o el derecho del pueblo a reunirse pacíficamente o de pedir al gobierno reparación por agravios.”

Lo que hoy conocemos como la Primera Enmienda es en realidad la Tercera Enmienda, o el Tercer Artículo, según el documento original de la Carta de Derechos propuesta en su momento. Esta enmienda permite la ***diversidad*** *religiosa que existe en Estados Unidos hoy.*

LA LIBERTAD DE EXPRESIÓN

La Primera Enmienda a la Constitución de Estados Unidos también protege el derecho de las personas a decir y escribir cosas sin ser sancionadas por el gobierno federal. Esto incluye críticas al gobierno y declaraciones que otros podrían encontrar ofensivas o desagradables. La libertad de prensa protege a los dueños de periódicos y a los redactores, a los sitios de Internet, los canales de noticias en la televisión y otros medios profesionales. La prensa no recibe más libertades para expresar y escribir sus opiniones que la que reciben los ciudadanos.

Esta parte de la Primera Enmienda conlleva una responsabilidad. Aunque muchas formas de expresión están protegidas bajo esta enmienda, algunas palabras pueden ser ofensivas a otras personas. Además, la prensa no puede publicar mentiras como si fueran verdades.

La libertad de expresión y la libertad de prensa son dos aspectos fundamentales de un país libre. Hoy en día son tan importantes como cuando se creó la Carta de Derechos.

REUNIONES Y PETICIONES

Los dos últimos derechos que **garantiza** la Primera Enmienda son el derecho a reunirse pacíficamente y el derecho a presentar peticiones al gobierno. El gobierno federal no puede impedir que la gente se reúna o forme grupos, siempre que lo haga de forma pacífica. Esto incluye a los partidos políticos, los grupos comunitarios y las organizaciones religiosas.

La Primera Enmienda protege el derecho de los ciudadanos a solicitar que los dirigentes del gobierno se encarguen de hacer cosas o proyectos que ellos creen que el gobierno debería hacer. También protege su derecho de pedir al gobierno que efectúe cambios. Ambas cosas se consideran peticiones al gobierno, un derecho garantizado por la Primera Enmienda. Gracias a esta enmienda, existen los grupos de cabilderos (lobbyists). Estos grupos están formados por personas a las que se les paga por tratar de que los legisladores, o los que enactan las leyes, apoyen ciertos negocios o causas.

La Primera Enmienda otorga a los ciudadanos de Estados Unidos el derecho a reunirse pacíficamente para protestar. Durante el movimiento por los derechos civiles, y especialmente en la década de 1960, cuando alcanzó un período crítico, muchos estadounidenses ejercieron este derecho. Hoy en día, la gente continúa ejerciendo este derecho a través de protestas pacíficas.

MANTENER LA PAZ

Cuando se trata del derecho a reunirse, la palabra más importante es "pacíficamente". El gobierno federal puede tomar acción si un grupo se reúne de forma no pacífica. Por ejemplo, se podría reunir un grupo para protestar contra una ley que considera injusta. Mientras que se reunan pacíficamente, están protegidos por los derechos que les brinda la Primera Enmienda. Sin embargo, si la protesta se convierte en un ***disturbio*** *violento, el gobierno federal puede tomar medidas para dispersar o dar por terminada la protesta.*

EL DERECHO A PORTAR ARMAS

La Segunda Enmienda a la Constitución de Estados Unidos protege el derecho de los ciudadanos de "poseer y portar armas". Esto significa que los ciudadanos estadounidenses pueden tener armas, como pistolas, cuchillos y espadas, sin interferencia por parte del gobierno federal. Cuando se redactó la Carta de Derechos, esta enmienda se incluyó para que cada estado pudiera tener una milicia fuerte. Una milicia es un conjunto organizado de gente armada que puede servir como fuerza militar si fuera necesario.

En la actualidad, la Segunda Enmienda es tema de mucho debate en Estados Unidos. ¿Debe tener la población civil el derecho a tener armas que fueron pensadas para uso militar? ¿Interfiere la legislación sobre el control de armas con los derechos de la Segunda Enmienda? Estas son preguntas a las que los líderes de Estados Unidos aún no consiguen dar respuesta.

La Segunda Enmienda se ***redactó*** *para garantizar que cada estado tuviera una milicia fuerte en el caso de que los estados tuvieran que defenderse de un gobierno federal que abusara de su poder. Durante la guerra de Independencia de Estados Unidos, muchas de las batallas fueron libradas por milicias, como se muestra en la próxima página.*

DERECHOS Y RESPONSABILIDADES

Un aspecto importante de ser ciudadano de un país es entender que los derechos conllevan también responsabilidades. La Segunda Enmienda protege el derecho de los estadounidenses a tener armas, pero se espera que se comporten de manera responsable a la hora de tener y utilizar estas armas. Existen muchas leyes que regulan el uso de las armas con el fin de garantizar la seguridad de todos los ciudadanos. Si alguien decide no seguir estas leyes, podría recibir una multa o incluso ir a la cárcel.

ARTÍCULO CUARTO

"Siendo necesaria una milicia bien ordenada para la seguridad de un Estado Libre, no se violará el derecho del pueblo a poseer y portar armas."

PROTECCIÓN DE LA PROPIEDAD PRIVADA

La protección de la propiedad privada siempre ha sido muy importante para los estadounidenses, y ese hecho se refleja en la Carta de Derechos. La Tercera Enmienda dice que los ciudadanos no tienen obligación de alojar soldados en sus casas.

Con la Cuarta Enmienda comienza una sección de la Carta de Derechos que explica los derechos de una persona acusada de cometer un delito. Esta enmienda protege a los ciudadanos de "pesquisas y aprehensiones arbitrarias". Esto significa que nadie, incluyendo a las autoridades policiales, puede registrar la propiedad privada o la casa de alguien ni cachear a esa persona a menos que tenga una **orden de registro** detallada. Tampoco pueden tomar posesión de artículos personales sin una justificación legal. Para que las autoridades policiales puedan registrar o incautar alguna propiedad de los ciudadanos, necesitan una orden de registro que demuestre que tienen suficientes motivos para hacerlo.

Debido a la Cuarta Enmienda, la policía debe tener una orden de registro antes de proceder al registro de una casa u otra propiedad privada.

DAR HOSPEDAJE A SOLDADOS

¿Por qué temían tanto los estadounidenses que los obligaran a alojar a soldados en sus casas? Antes de la guerra de la Independencia de Estados Unidos, Gran Bretaña alojaba a sus soldados en sus colonias americanas. Se quedaban en las casas particulares de los colonos y estos no podían hacer nada para impedirlo. Esto también ocurrió durante la guerra. Los estadounidenses querían asegurarse de que esto no volviera a ocurrir en su nueva nación, razón por la cual se incluyó la Tercera Enmienda en la Carta de Derechos.

ARTÍCULO SEXTO

"El derecho de los ciudadanos a que sus personas, casas, papeles y efectos personales sean protegidos de pesquisas y aprehensiones arbitrarias, será inviolable, y no se expedirán al efecto órdenes de registro sin motivo justificado, y que estén corroboradas mediante juramento o afirmación y describan con exactitud el lugar a registrarse y las personas o pertenencias que han de ser detenidas o incautadas".

INVOCAR LA QUINTA ENMIENDA

La protección de la propiedad privada también forma parte de la Quinta Enmienda, la cual dice que el gobierno de Estados Unidos tiene que pagar una indemnización si se queda con alguna propiedad privada.

La Quinta Enmienda dice asimismo que un gran jurado, o un jurado de acusación, tiene que decidir si una persona acusada de un crimen grave debe ser juzgada, sobre todo si ese delito se castiga con la pena de muerte. Esta enmienda protege a la persona de ser juzgada dos veces por el mismo delito, lo cual se conoce como doble incriminación. Además, protege a la persona de tener que declarar contra sí misma en un juicio.

Por último, la Quinta Enmienda garantiza que una persona no será multada, encarcelada o sentenciada a la pena de muerte por un crimen “sin el debido proceso legal”. Esto significa que es necesario seguir ciertos **procedimientos** legales antes de sentenciar a una persona por cometer un delito.

ARTÍCULO SÉPTIMO

"Nadie estará obligado a responder de un delito castigado con la pena capital u otro delito infame si un gran jurado no lo denuncia o acusa, a excepción de los casos que se presenten en las fuerzas navales o terrestres, o en la milicia nacional cuando se encuentre en servicio efectivo en tiempo de guerra o peligro público; tampoco se juzgará a una persona dos veces con motivo del mismo delito, que la ponga en peligro de perder la vida o algún miembro; ni se le obligará a declarar contra sí misma en ningún juicio criminal; ni se le privará de la vida, la libertad o la propiedad sin el debido proceso legal; ni se incautará la propiedad privada para uso público sin una justa indemnización."

*Durante un juicio, si una persona acusada cree que algo que ella diga la podría **incriminar**, esa persona puede ejercer el derecho que le brinda la Quinta Enmienda. Por eso a veces se dice que alguien "invoca la Quinta" cuando está frente a un tribunal.*

DERECHOS EN EL TRIBUNAL DE JUSTICIA

No en todos los países existe el derecho a un juicio por jurado, pero en Estados Unidos forma parte fundamental del sistema legal. La Sexta Enmienda otorga este derecho a los ciudadanos, así como el derecho de una persona a tener un abogado que la defienda si se le acusa de un delito. Esta enmienda también protege "el derecho de una persona a ser juzgada pública y expeditamente."

La Séptima Enmienda garantiza que los casos civiles sean juzgados por un jurado siempre que se trate de una disputa que tenga valor de veinte dólares o más. Un caso civil es un juicio que no es criminal.

Los ciudadanos de Estados Unidos están protegidos de "penas crueles e inusuales" a través de la Octava Enmienda. Según esta enmienda, una persona acusada de un crimen no debería tener que pagar multas o fianzas "excesivas". Una fianza es una cantidad de dinero que se paga para liberar a una persona de la cárcel hasta que se celebre su juicio.

La Octava Enmienda a la Constitución de Estados Unidos dice que "no se exigirán fianzas excesivas, ni se impondrán multas excesivas, ni se infligirán penas crueles e inusuales". Este texto es casi exactamente igual a una parte de la Carta de Derechos de Inglaterra, que se redactó en 1689: "Que no se deben exigir fianzas excesivas, ni imponerse multas excesivas ni infligirse penas crueles ni inusuales".

DERECHOS ADICIONALES

Las dos últimas enmiendas de la Carta de Derechos tienen que ver con derechos y poderes que no están definidos en la Constitución de Estados Unidos. La Novena Enmienda aclara que los derechos expresados en este documento no son los únicos derechos que tienen los estadounidenses. Estos derechos son válidos y no se debe privar a los ciudadanos de ellos solo porque no estén incluidos en la Constitución o en la Carta de Derechos.

La Décima Enmienda otorga a los estados y a los ciudadanos de esos estados cualquier poder no delegado específicamente al gobierno federal en la Constitución.

Estas dos enmiendas reflejan la razón principal por la que se creó la Carta de Derechos. Limitan el poder del gobierno federal y protegen los derechos de cada persona.

La Carta de Derechos sigue siendo el centro de discusiones y debates acerca de los derechos de los ciudadanos estadounidenses. Es importante conocer estas diez enmiendas para entender mejor tus derechos básicos como ciudadano de Estados Unidos.

"Artículo" significa que es parte de un documento.

Nueva York era la capital de Estados Unidos en 1789

Congress of the United States
begun and held at the City of New-York, on
Wednesday the Fourth of March, one thousand seven hundred and eighty nine

THE Conventions of a number of the States, having at the time of their adopting the Constitution, expressed a desire, in order to prevent misconstruction or abuse of its powers, that further declaratory and restrictive clauses should be added: And as extending the ground of public confidence in the Government, will best ensure the beneficent ends of its institution

RESOLVED by the Senate and House of Representatives of the United States of America, in Congress assembled, two thirds of both Houses concurring, that the following Articles be proposed to the Legislatures of the several States, as amendments to the Constitution of the United States, all, or any of which Articles, when ratified by three fourths of the said Legislatures, to be valid to all intents and purposes, as part of the said Constitution; viz.

ARTICLES in addition to, and Amendment of the Constitution of the United States of America, proposed by Congress, and ratified by the Legislatures of the several States, pursuant to the fifth Article of the original Constitution.

Article the first... After the first enumeration required by the first Article of the Constitution, there shall be one Representative for every thirty thousand, until the number shall amount to one hundred, after which the proportion shall be so regulated by Congress, that there shall be not less than one hundred Representatives, nor less than one Representative for every forty thousand persons, until the number of Representatives shall amount to two hundred, after which the proportion shall be so regulated by Congress, that there shall not be less than two hundred Representatives, nor more than one Representative for every fifty thousand persons.

Article the second... No law, varying the compensation for the services of the Senators and Representatives, shall take effect, until an election of Representatives shall have intervened.

Article the third... Congress shall make no law respecting an establishment of religion, or prohibiting the free exercise thereof; or abridging the freedom of speech, or of the press, or the right of the people peaceably to assemble, and to petition the Government for a redress of grievances.

Article the fourth... A well regulated militia, being necessary to the security of a free State, the right of the people to keep and bear arms, shall not be infringed.

Article the fifth... No Soldier shall, in time of peace be quartered in any house, without the consent of the owner, nor in time of war, but in a manner to be prescribed by law.

Article the sixth... The right of the people to be secure in their persons, houses, papers, and effects, against unreasonable searches and seizures, shall not be violated, and no warrants shall issue, but upon probable cause, supported by oath or affirmation, and particularly describing the place to be searched, and the persons or things to be seized.

Article the seventh... No person shall be held to answer for a capital, or otherwise infamous crime, unless on a presentment or indictment of a Grand Jury, except in cases arising in the land or naval forces, or in the Militia, when in actual service in time of War or public danger; nor shall any person be subject for the same offence to be twice put in jeopardy of life or limb; nor shall be compelled in any criminal case, to be a witness against himself, nor be deprived of life, liberty, or property, without due process of law; nor shall private property be taken for public use without just compensation.

Article the eighth... In all criminal prosecutions, the accused shall enjoy the right to a speedy and public trial, by an impartial jury of the State and district wherein the crime shall have been committed, which district shall have been previously ascertained by law, and to be informed of the nature and cause of the accusation; to be confronted with the witnesses against him; to have compulsory process for obtaining witnesses in his favor, and to have the assistance of counsel for his defence.

Article the ninth... In suits at common law, where the value in controversy shall exceed twenty dollars, the right of trial by jury shall be preserved, and no fact tried by a jury, shall be otherwise re-examined in any Court of the United States, than according to the rules of the common law.

Article the tenth... Excessive bail shall not be required, nor excessive fines imposed, nor cruel and unusual punishments inflicted.

Article the eleventh... The enumeration in the Constitution, of certain rights, shall not be construed to deny or disparage others retained by the people.

Article the twelfth... The powers not delegated to the United States by the Constitution, nor prohibited by it to the States, are reserved to the States respectively, or to the people.

ATTEST,

Frederick Augustus Muhlenberg Speaker of the House of Representatives.
John Adams, Vice-President of the United States, and President of the Senate.

John Beckley, Clerk of the House of Representatives.
Sam. A. Otis Secretary of the Senate.

****EXPLANATORY NOTES: On September 25, 1789, the Congress proposed twelve articles of amendment to the Constitution of the United States. Except for the first two, they were ratified by the required number of States by December 15, 1791, and these became the first ten amendments. They have since been known as the Bill of Rights. The original is not legible in several places and this copy has been retouched for legibility.***

The articles in brief are: ARTICLE I—Regulating the number of Representatives according to the population of the State. ARTICLE II—Senators and Representatives cannot increase their salaries during their present term of office. ARTICLE III—Freedom of religion; Freedom of speech; Freedom of the press; Freedom of assembly; Right to petition the government for redress of grievances. ARTICLE IV—Right to keep and bear arms, since a well regulated militia is necessary for the security of a free State. ARTICLE V—No soldier to be quartered in any house in time of peace unless with the consent of the owner. ARTICLE VI—Freedom from unreasonable search and seizure. ARTICLE VII—Provisions concerning prosecution, trial and punishment; Just compensation for property taken for public use. ARTICLE VIII—Right to speedy and public trial, and provisions for its procedure. ARTICLE IX—Right of trial by jury. ARTICLE X—Excessive bail or fines and cruel punishment prohibited. ARTICLE XI—All rights to be retained by the people except those regulated in the Constitution. ARTICLE XII—The powers reserved to the States or to the people.

Dos enmiendas no ratificadas por los estados.

Los Artículos del 3 al 12 son la Carta de Derechos como la conocemos hoy en día.

Firmado por:
Frederick Augustus Muhlenberg - Presidente de la Cámara de Representantes
John Adams - Vicepresidente
John Beckley - Secretario de la Cámara de Representantes
Sam A. Otis - Secretario del Senado

OTRAS ENMIENDAS

La Carta de Derechos es el nombre colectivo de las diez primeras enmiendas a la Constitución de Estados Unidos. Hasta el 2016 se han agregado 17 enmiendas más. Estas enmiendas, al igual que las de la Carta de Derechos, se redactaron porque los ciudadanos pensaron que la Constitución debería poder cambiarse para reflejar las necesidades de los ciudadanos en un momento dado en la historia del país.

Algunas enmiendas fueron creadas específicamente para proteger y conceder ciertos derechos individuales a diferentes grupos de estadounidenses.

La Decimocuarta Enmienda, por ejemplo, afirma que todas las personas nacidas o **naturalizadas** en Estados Unidos, incluyendo a los que alguna vez fueron esclavos, son ciudadanos de Estados Unidos. Eso significa que la Carta de Derechos se aplica a ellos también. La Decimoquinta Enmienda protege el derecho al voto de todos los ciudadanos, sean de la raza que sean, y la Decimonovena Enmienda da el derecho al voto a las mujeres.

Este gráfico muestra las 17 enmiendas a la Constitución de Estados Unidos que se ratificaron después de la Carta de Derechos.

Enmiendas aprobadas después de la Carta de Derechos

Decimoprimera (1795)	*Protege a los estados de demandas presentadas por ciudadanos de otros estados o países.*
Decimosegunda (1804)	*Cambia el proceso de las elecciones presidenciales.*
Decimotercera (1865)	*Pone fin a la esclavitud.*
Decimocuarta (1868)	*Concede la ciudadanía e igualdad de derechos a los afroamericanos.*
Decimoquinta (1870)	*Dice que todos los hombres, no importa su raza, tienen el derecho al voto.*
Decimosexta (1913)	*Establece un impuesto federal sobre la renta.*
Decimoséptima (1913)	*Permite la elección de los senadores por el pueblo.*
Decimoctava (1919)	*Declara ilegal la producción y venta de bebidas alcohólicas.*
Decimonovena (1920)	*Otorga el derecho al voto a las mujeres.*
Vigésima (1933)	*Cambia las fechas en que comienzan y terminan los mandatos de los presidentes y de los miembros del Congreso.*
Vigesimoprimera (1933)	***Revoca** la Decimoctava Enmienda.*
Vigesimosegunda (1951)	*Limita a dos términos el número de mandatos que pueden servir los presidentes.*
Vigesimotercera (1961)	*Otorga a los ciudadanos de Washington, D.C., el derecho a elegir **electores** en las elecciones presidenciales.*
Vigesimocuarta (1964)	*Declara ilegal cobrar impuestos a la gente antes de que puedan votar por el presidente.*
Vigesimoquinta (1967)	*Establece el procedimiento que hay que seguir para reemplazar al presidente y vicepresidente si ambos cargos se quedan **vacantes**.*
Vigesimosexta (1971)	*Baja la edad de votar a los 18 años.*
Vigesimoséptima (1992)	*Establece que el sueldo de los miembros del Congreso no se puede cambiar hasta después de una elección.*

UN PAÍS EN EVOLUCIÓN

La Carta de Derechos es tan importante ahora como cuando se ratificó hace más de 200 años. La vida de los estadounidenses ha cambiado mucho desde 1791, pero una cosa que no ha cambiado es la firme creencia de que los derechos de cada individuo son importantes. La protección de estos derechos es una parte esencial de un gobierno democrático firme, por lo que la Carta de Derechos se considera una de las bases fundamentales de la democracia de Estados Unidos.

Hoy en día, la Carta de Derechos es el centro de muchos debates sobre los derechos individuales en un Estados Unidos en evolución. Las discusiones de temas como el control de armas, la libertad de expresión, la libertad de religión, los derechos de los estados y los registros policiales tienen sus raíces en la Carta de Derechos. Aunque este documento se escribió hace muchos años, sigue teniendo el poder de influir en las vidas de todos los ciudadanos de Estados Unidos.

GLOSARIO

disturbio: desorden público violento causado por un grupo de personas.

diversidad: circunstancia de ser distintos o multiples.

elector: un miembro del colegio electoral, que es el grupo de representantes que elige al presidente y al vicepresidente de Estados Unidos.

garantizar: asegurar y proteger contra riesgos.

incriminar: demostrar la participación en un delito.

naturalizar: conceder a alguien la ciudadanía de un país.

orden judicial: documento redactado por un funcionario legal o gubernamental que da permiso a un policía para tomar ciertas acciones en cumplimiento de la ley.

persecución: trato cruel, sobre todo cuando es a causa de la raza, la religión o las creencias políticas de una persona.

petición: la acción de pedir algo.

procedimiento: una serie de pasos que se siguen en un orden determinado.

redactar: poner algo por escrito.

revocar: dejar sin efecto una ley o mandato.

vacante: que se ha quedado sin ocupar.

ÍNDICE

SITIOS DE INTERNET

Debido a que los enlaces de Internet cambian a menudo, PowerKids Press ha creado una lista de los sitios Internet que tratan sobre el tema de este libro. Este sitio se actualiza con regularidad. Por favor, usa este enlace para ver la lista:
www.powerkidslinks.com/amdoc/bor

Títulos de la serie

Los Artículos de la Confederación

La Carta de Derechos

La Constitución de Estados Unidos

La Declaración de Independencia

El Pacto del Mayflower

La Proclamación de Emancipación

PowerKiDS press

ISBN: 978-1-5081-5159-3
6-pack ISBN: 978-1-5081-5160-